교회학교 교사
무릎기도문

특별히 _____ 님께

이 소중한 책을 드립니다.

영혼을 살리는 교사의 10가지 원칙

1. 아이들을 대할 땐 항상 미소를 지으며 이름을 부르라.
2. 진심으로 아이들에게 관심을 가지라.
3. 복음을 가르치는 일에는 타협하지 말라.
4. 말보다 행동으로 가르치라.
5. 학생들과의 연락은 자주하라.
6. 한 명의 영혼에 집중하라.
7. 아이들을 위한 공부를 부지런히 하라.
8. 아이들의 비전을 항상 축복하고 격려하라.
9. 포기할 이유가 있는 아이는 절대로 없다는 것을 알라.
10. 무릎으로 나아가는 기도의 사람이 되라.

• • • • •

교사는 책임이 따르고 큰 희생이 따릅니다.
그러나 한 영혼을 하나님께로 인도하는 귀한 일이며
무엇과도 비교할 수 없는 즐거움, 보람, 상급입니다.
교사는 주님이 부르신 축복의 자리임을 기억하십시오.

오, 주님!
저에게 지식 이상의 지혜를 주시어
아이들이 지식을 아는데 그치게 않게 하시고
주님에 대한 관심으로 피어나게 하소서.
저에게 주님의 그 겸손을 주시어
주님께서 사람들을 아버지께로 인도하신 것 같이
저도 아이들을 주님께로 인도하게 하소서.
학생들을 훈육하되 언제나 친절을 잃지 않게 하소서.
가르치면서도 배우게 하소서.
사랑이 없으면 나에게 아무 유익이 없사오니
사랑을 꼭 실천하도록 말씀으로 배워 알게 하소서.
학생들이 저를 통해 주님의 모습을 발견하게 하시고
주님을 위해 헌신한 모든 지혜로운 믿음의 교사들이
하늘에서 귀한 보상을 받게 될 날을 기대하게 하소서.
이 땅에서 주님을 빛낸 공로로 저의 반 학생들과 함께
모두 천국에서 별처럼 빛나리라는 것을 알게 하소서.

주님이 내게 맡겨주신 아이들

"문지기는 그를 위하여 문을 열고 양은 그의 음성을 듣나니 그가 자기 양의 이름을 각각 불러 인도하여 내느니라" -요한복음 10:3

No.	성명	애칭	특징

교회학교 교사
무릎 기도문

나침반

이 책의 사용 방법

1. 기도를 시작하기 전, 반 아이들의 신상카드를 기록하십시오.

2. 반 아이들을 가슴에 품고 기도하기로 작정한 날부터 기도를 시작하십시오.

3. 30일 동안 매일 적당한 시간을 내어 머리로 읽지 말고 마음으로 읽으며 기도하십시오.

4. 기도하는 동안 문자나 전화, 만남을 통해 반 아이들과 친숙해지도록 노력하십시오. 또한 친절을 베푸는 일도 잊지 마십시오.

5. 5일이 지날 때마다 반 아이들의 상황과 마음을 점검하는 체크표에 기록하십시오.

6. 지금 기도하고 있는 반 아이들이, 장래 하나님께 영광을 돌리는, 믿음이 굳건한 글로벌 리더가 될 것이라는 확신을 가지고 기도하십시오.

Contents_차례

16일 아이들의 입장에서 생각하게 하소서
17일 아이들이 전도를 통한 부흥에도 열정을 갖도록 하소서
18일 오랫동안 못본 아이들에게 꾸준히 연락하게 하소서
19일 교사로 주님을 섬기게 하심을 늘 감사하게 하소서
20일 아이들의 잘못을 사랑으로 용서하게 하소서

21일 좋은 프로그램을 기획할 수 있게 하소서
22일 지치고 힘들어도 극복할 수 있는 열정을 주소서
23일 아이들의 가정이 안정되고 화목하게 하소서
24일 마음에 상처가 있는 아이들을 잘 보듬게 하소서
25일 본 예배 시간을 소중히 여기게 하소서

26일 결실이 열리지 않는다고 실족하지 않게 하소서
27일 아이들을 외형으로 판단하는 실수를 않게 하소서
28일 훈계와 권면은 사랑의 마음으로 할 수 있게 하소서
29일 아이들을 섬김을 즐거워하며 하게 하소서
30일 복음을 벗어나는 가르침이 없게 하소서

1일

아이들이 구원의
확신을 갖게 하소서

교회의 사명이 전도이듯이
아이들을 맡고 있는 교육기관의
가장 중요한 목적도 구원입니다.
아이들이 어린 시절에
구원의 확신을 가지는 것은 정말 중요한 일이며
모든 교사들이 가장 중요하게 여겨야할 일입니다.
아이들이 구원에 대한 확신을 가질 수 있게
복음을 전하며 기도 하십시오.

"또 여러 말로 확증하며 권하여 이르되 너희가 이 패역한 세대에서 구원을 받으라 하니"(행 2:40)

"누구든지 주의 이름을 부르는 자는 구원을 받으리라"(롬 10:13)

"하나님은 모든 사람이 구원을 받으며 진리를 아는 데에 이르기를 원하시느니라"(딤전 2:4)

주님, 예수님을 통해 모든 사람에게 구원의 은혜를 베풀어주신 주님의 은혜를 찬양합니다.

오늘은 우리의 죄를 용서하시고 심판에서 구원하신 하나님의 크신 은혜와 사랑을 저와 우리 반 아이들(000,000,000....이름을 불러가며)가 알게 되기를 위해 기도합니다.

예수님을 보내주셔서 우리의 죄를 용서하신 주님, 구원의 귀한 은혜를 주신 주님, 주님의 그 크신 은혜를 우리 아이들이 깨달아 알게 되길 원합니다.

방탕한 생활을 했던 사람들도 사역자로 불러 사용하시고, 각처에 있는 사람들을 구원하시고자, 각 분야에서 하나님을 섬기게 하신 것처럼 예수님을 믿기만 하면 누구나 구원받을 수 있다는 사실을 아이들이 알게 해주세요.

우리 모두는 죄인이며 이 죄는 예수님을 통해서
만 해결할 수 있다는 사실을 예수님을 만남으로
깨닫게 되기를 기도하며 이 귀한 시절에 구원에
대한 확신을 가짐으로 앞으로의 인생을 주님께
의지하는 귀한 은혜를 아이들이 누리게 되기를
예수님의 이름으로 기도합니다. 아멘.

아이들을
주님의 마음으로
사랑하게 하소서

예수님은 언제나 아이들이
자신을 찾아오는 걸 막지 않으셨고
아이들을 사랑하는 마음으로 축복해 주셨습니다.
교사라는 귀한 사명의 자리를 감당하기 위해서는
아이들을 사랑하는 예수님의 마음이 필요합니다.
하나님의 사랑으로 주님의 모습을
아이들이 볼 수 있는
귀한 교사로 쓰임을 받아야 합니다.

"예수께서 이르시되 어린 아이들을 용납하고 내게 오는 것을 금하지 말라 천국이 이런 사람의 것이니라 하시고"(마 19:14)

"그들에게 이르시되 누구든지 내 이름으로 이런 어린 아이를 영접하면 곧 나를 영접함이요 또 누구든지 나를 영접하면 곧 나를 보내신 이를 영접함이라 너희 모든 사람 중에 가장 작은 그가 큰 자니라"(눅 9:48)

"임금이 대답하여 이르시되 내가 진실로 너희에게 이르노니 너희가 여기 내 형제 중에 지극히 작은 자 하나에게 한 것이 곧 내게 한 것이니라 하시고"(마 25:40)

주님, 우리를 죽기까지 사랑하신 주님을 찬양하며 높여드리기 원합니다.
언제나 아이들을 사랑하시고 또 함께 하시기를 원하셨던 주님, 주님의 마음으로 우리 아이들(이름을 불러가며)을 품고 다가가며 그들을 위해 더욱 기도하는 교사가 되기를 기도합니다.

삭개오와 같이 열등감에 빠진 사람이 주님의 사랑으로 새사람이 되었고, 어부였던 베드로가 주님을 만남으로 귀한 전도자로 쓰임을 받았습니다.
주님의 모습을 본 받아 아이들을 진심으로 사랑하고 돌보는 교사가 되게 하시고, 저로 인해 아이들이 하나님의 사랑을 조금이라도 알아갈 수 있게 해주세요.

교사라는 귀한 섬김을 감당하기에는 부족하고 모

자라는 모습이 있을지라도 주님의 사랑과 은혜를 충만하게 부어주시고. 저로 인해서 제가 느꼈던 주님의 크신 사랑을 아이들도 느낄 수 있게 되기를 원합니다.

주님의 사랑으로 새롭게 변화되고 주님을 더욱 알아가는 아이들이 되도록 주님이 인도해주세요.

예수님의 이름으로 기도합니다. 아멘

3일
성경을 잘 배우고
잘 가르치게 하소서

성경은 하나님의 말씀입니다.
성경을 통해 사람들은
하나님의 사랑과 계획을 알 수 있습니다.
아이들에게 이런 성경을 가르치는 일은
매우 중요한 일이기 때문에
먼저 우리가 성경을 깊이 묵상하며
제대로 알고 있어야 합니다.
성경을 가르치는 일을 가볍게 여기지 말고
필요한 내용과 지식에 대해서
철저히 공부한 뒤에 성경을 가르쳐야 합니다.

"이 복음은 하나님이 선지자들을 통하여 그의 아들에 관하여 성경에 미리 약속하신 것이라"(롬 1:2)

"모든 성경은 하나님의 감동으로 된 것으로 교훈과 책망과 바르게 함과 의로 교육하기에 유익하니"
(딤후 3:16)

"예수께서 이르시되 너희가 성경도 하나님의 능력도 알지 못하므로 오해함이 아니냐"(막 12:24)

주님, 귀한 말씀을 성경을 통해 우리에게 주신 주님께 감사와 영광을 돌립니다.
하나님의 말씀인 성경의 귀한 가치를 교사인 제가 먼저 바르게 깨닫고 이해할 수 있게 하시고, 또한 우리 아이들에게 온전히 전하며 가르칠 수 있게 되기를 기도합니다.

매일 성경을 깊이 묵상하고 매일 주시는 하나님의 말씀과 음성을 듣고 알게 하시고, 성령님이 주시는 깨달음으로 인해 아이들(이름을 불러가며)에게 성경을 잘 가르쳐 주님의 말씀과 마음을 잘 전달할 수 있는 교사가 되게 해주세요.

말씀을 잘못 깨닫고 다르게 전하는 잘못을 범하지 않게 하시고, 부족한 부분을 인정하며 공부하며 성장해나가는 교사가 되기를 기도합니다.

링컨과 같은 대통령도 성경으로 인해 힘을 얻었고 슈바이처같은 선교사도 성경을 통해 헌신의 결심을 했습니다.

우리 아이들도 성경을 통해 구원에 대한 확신이 생기게 해주시고, 주님이 주신 비전을 찾게 해 주세요.

성경에 하나님의 사랑이 있고, 구원의 은혜가 있으며, 인생의 모든 진리와 교훈이 있다는 사실을 아이들이 깨닫게 되기를 원합니다.

매주 공과 시간에 필요한 말씀들을 미리 준비하여 아이들이 성경에 대해서 깊은 관심을 가지고 성경을 묵상하려는 자세를 가질 수 있도록 인도하는 교사가 되게 해주세요.

예수님의 이름으로 기도합니다. 아멘

4일

예배시간에 저도 아이들도
지각을 하지 않게 하소서

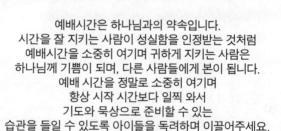

예배시간은 하나님과의 약속입니다.
시간을 잘 지키는 사람이 성실함을 인정받는 것처럼
예배시간을 소중히 여기며 귀하게 지키는 사람은
하나님께 기쁨이 되며, 다른 사람들에게 본이 됩니다.
예배 시간을 정말로 소중히 여기며
항상 시작 시간보다 일찍 와서
기도와 묵상으로 준비할 수 있는
습관을 들일 수 있도록 아이들을 독려하며 이끌어주세요.

"여호와께 그의 이름에 합당한 영광을 돌리며 거룩한 옷을 입고 여호와께 예배할지어다"(시편 29:2)

"아름답고 거룩한 것으로 여호와께 예배할지어다 온 땅이여 그 앞에서 떨지어다"(시편 96:9)

"아버지께 참되게 예배하는 자들은 영과 진리로 예배할 때가 오나니 곧 이 때라 아버지께서는 자기에게 이렇게 예배하는 자들을 찾으시느니라"(요 4:23)

주님, 항상 좋은 것으로 우리를 만족시키시고 복을 주시기를 원하는 주님을 찬양합니다.
이 시간에는 예배시간을 온전히 지키기 위해 노력하는 저와 아이들(이름을 불러가며)이 되기를 기도합니다.

우리에게 많은 귀한 것들을 누리게 베풀어주신 분이 주님이심을 먼저 깨닫게 하시고, 예배시간에 늦지 않고 미리 와서 준비하는 것이 최소한의 예의라는 사실을 알게 해주세요.

또한 먼저 교사로서 제가 본을 보일 수 있게 되기를 기도합니다.
항상 먼저 예배당에 와서 드려질 예배를 위해 기도로 준비할 수 있게 하시고, 아이들이 교회에 빠지지 않고 예배에 늦지 않도록 전날 저녁과 주일

아침에 부지런히 연락할 수 있게 해주세요.

아이들도 토요일 저녁에 늦게까지 게임을 하거나 티브이를 보지 않고 주일을 준비하는 마음으로 일찍 잘 수 있게 하시고, 주일을 주님께 예배하는 날로 거룩하게 드리는 아이들로 점점 변해가게 되기를 기도합니다.
아이들이 점점 온전한 예배자로 변화되어 가도록 하나님의 은혜와 성령님의 감화가 저와 아이들 마음속에 임하게 되기를 원합니다.
예수님의 이름으로 기도합니다. 아멘.

5일

아이들이 하나님을
예배하게 하소서

하나님은 신령과 진정으로
예배하는 사람들을 찾으십니다.
매주 드려지는 예배 속에서
하나님의 사랑이 점점 깊어져야합니다.
아이들을 위한 여러 가지 흥미로운 프로그램도 좋지만
결국은 예배란 하나님을 예배하는 것이며
모든 프로그램의 목적도 결국은
아이들에게 하나님을 알게 하는 것입니다.
예배의 온전한 의미를 아이들에게 가르치십시오.

"너희는 여호와 우리 하나님을 높이고 그 성산에서 예배할지어다 여호와 우리 하나님은 거룩하심이로다"
(시 99:9)

"오직 만군의 여호와는 정의로우시므로 높임을 받으시며 거룩하신 하나님은 공의로우시므로 거룩하다 일컬음을 받으시리니"(이사야 5:16)

"우리 하나님과 주 예수 그리스도의 은혜대로 우리 주 예수의 이름이 너희 가운데서 영광을 받으시고 너희도 그 안에서 영광을 받게 하려 함이라"(살후 1:12)

주님, 우리의 마음을 다한 예배를 기쁘게 받아주심을 감사드립니다.

하나님을 예배하는 기쁨을 알고 하나님을 더욱 알기 원하는 아이들(이름을 불러가며)이 되기를 위해 기도합니다.

주님, 비록 교회에 오랜 기간 나왔다 하더라도 아직 주님을 알지 못하는 경우가 있습니다.

친구를 만나러, 선생님을 보러, 먹을 것을 먹으러, 때로는 부모님의 강요로 별 다른 목적 없이 교회에 왔다가는 많은 아이들이 있습니다.

주님, 우리 아이들이 이런 모습이 되지 않게 하시고, 이런 모습들이 있다 하더라도 모두 주님의 사랑을 알고 주님을 진정으로 예배하는 아이들로 변화되게 도와주세요.

아이들에게 예배의 참된 의미를 가르치는 제가 되게 하시고 예배를 통해 미래에 대한 불안감을 없애고 마음의 상처가 치유되는 역사가 아이들의 마음에 일어나게 해주세요.

아이들이 예배를 통해 주님의 이름을 높이고 또한 주님이 바라시는 삶으로 점점 인생의 방향을 수정해나가는 놀라운 역사가 일어나게 되기를 간절히 바랍니다.
예수님의 이름으로 기도합니다. 아멘.

교사로서 할 일

1. 아이들 이름과 신상명세 외우기
2. 아이들 중 한 명 따로 만나서 대화하기
3. 한 주와 한 달의 목표 서로 세워서 실천하기
4. 전도대상자 한 명 이상씩 정해보기
5. 아이들 부모님께 편지나 전화로 자기소개

지극히 작은 것에 충성된 자는 큰 것에도 충성되고 지극히 작은 것
에 불의한 자는 큰 것에도 불의하니라-눅 16:10

기도 체크표

5일이 지났습니다.
기도한 횟수와 당신의 추가 기도를 적어보세요.
하나님은 당신이 기도한대로 정확하게 응답하실 것입니다.

횟수	날짜	특별 추가 기도 제목
회		
회		
회		
회		
회		
회		
회		
회		
회		
회		
회		
회		

6일

아이들이
하나님의 말씀으로
잘 성장하게 하소서

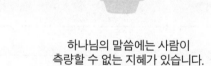

하나님의 말씀에는 사람이
측량할 수 없는 지혜가 있습니다.
그 말씀의 소중함을 아이들이 깨달을 때
혼란스런 세상 속에서 길을 잃고 방황하지 않게 됩니다.
말씀을 듣고 행함으로 하나님의 사랑을 알고
하나님이 주신 계획을
온전히 깨닫는 아이들이 될 수 있습니다.

"여호와의 말씀은 순결함이여 흙 도가니에 일곱 번 단련한 은 같도다"(시 12:6)

"하나님의 도는 완전하고 여호와의 말씀은 순수하니 그는 자기에게 피하는 모든 자의 방패시로다"(시 18:30)

"좋은 땅에 뿌려졌다는 것은 말씀을 듣고 깨닫는 자니 결실하여 어떤 것은 백 배, 어떤 것은 육십 배, 어떤 것은 삼십 배가 되느니라 하시더라"(마 13:23)

주님, 늘 우리를 돌보아 주시는 주님께 큰 감사를
드립니다.
오늘은 하나님의 말씀을 통해 바르게 성장하는
아이들(이름을 불러가며)을 위해 기도합니다.

하나님의 말씀인 성경엔 세상을 살아가는 모든 지
혜가 담겨 있습니다.
아이들이 그 말씀을 읽고 듣기만 하는 것이 아니
라 한 구절이라도 자신의 삶에 적용하며 새로운
결심을 하게 해주세요.

하나님의 말씀은 어두운 밤바다의 환한 등대와
같습니다.
앞날로 인해 걱정하는 우리 아이들이 말씀을 통
해 주님이 인도하시는 축복의 길로 걸어가게 하시
고 어린 시절에 겪을 수 있는 모든 좋지 않은 감정

들을 주님의 말씀으로 이겨내고 극복하게 해주세요.

또한 아이들을 가르치며, 아이들을 위해 기도하는 교사인 저에게도 말씀에 비추어 부끄럽지 않은 교사가 될 수 있게 인도해주시고 거룩한 삶과 사랑의 언어로 아이들을 잘 양육하게 되기를 간절히 원합니다.
예수님의 이름으로 기도합니다. 아멘.

7일

아이들의 말을
잘 경청할 수 있게 하소서

경청은 사람을 대하는 기본자세입니다.
아이들과 공감하고 함께 호흡하는 교사가 되기 위해선
먼저 아이들의 말을 들어줌으로
생각과 마음을 이해할 필요가 있습니다.
나의 할 말 보다는 아이들의 말에 더 신경을 쓰고
아이들의 말을 모두 듣고 난 후에 대답을 해주십시오.
가만히 듣는 것뿐 아니라
표정과 자세로 진심어린 경청의 모습을 보여주십시오.

기도하기 전 읽고 묵상 할 성구

"내 사랑하는 형제들아 너희가 알지니 사람마다 듣기는 속히 하고 말하기는 더디 하며 성내기도 더디 하라"(약 1:19)

"나아만이 이에 내려가서 하나님의 사람의 말대로 요단 강에 일곱 번 몸을 잠그니 그의 살이 어린 아이의 살 같이 회복되어 깨끗하게 되었더라"(왕하 5:10)

"내가 내 음성으로 하나님께 부르짖으리니 내 음성으로 하나님께 부르짖으면 내게 귀를 기울이시리로다"
(시편 77:1)

주님, 늘 우리의 기도를 들어주시는 주님께 간절한 마음으로 기도합니다.
사람들의 말을 귀 기울여 듣고 가르쳐주셨던 주님처럼 저도 우리 아이들(이름을 불러가며)의 말을 경청하기 원합니다.

아직 성숙하지 못해 잘못된 말을 하고 고집을 세우더라도 인내심을 가지고 아이들의 말을 먼저 잘 경청하게 하시고 상황에 맞는 지혜로운 말로 대답할 수 있도록 주님께서 인도해주세요.

감정적으로 아이들을 대하지 않게 인내하며 항상 먼저 경청하는 자세를 잃지 않게 되기를 바랍니다.
아이들의 외모와 성격에 따라 서로 다르게 대하지 않게 하시고 진심어린 마음과 자세로 아이들의 말을 듣고 공감할 수 있게 해주세요.

언제나 모든 말을 들어주시고 위로하시는 주님처럼 저의 경청과 격려로 아이들에게 힘이 되고 도움이 될 수 있게 주님께서 모든 상황과 마음을 주장하여 주시기를 바랍니다.
예수님의 이름으로 기도합니다. 아멘.

8일

아이들이
어른들을 존경하거나
존중하게 하소서

사회에선 어른들에 대한 존경이 점점 사라지고 있고
학교에선 교권이 추락하고 있습니다.
가정에서도 부모님과 마찰을 일으키는 아이들이 많습니다.
성경이 말하는 옳은 성품을 가르침으로
이런 문제들이 해결될 수 있습니다.
어른들을 공경하는 일의 중요성과 가치를
아이들에게 가르친다면
사회와 가정, 학교에서의 많은 문제들은
저절로 해결될 것입니다.

"그 부모를 공경할 것이 없다 하여 너희의 전통으로 하나님의 말씀을 폐하는도다"(마 15:6)

"네 아버지와 어머니를 공경하라 이것은 약속이 있는 첫 계명이니"(엡 6:2)

"뭇 사람을 공경하며 형제를 사랑하며 하나님을 두려워하며 왕을 존대하라"(벧전 2:17)

주님, 오늘도 좋은 날을 주시고 또한 함께 해주시는 주님께 감사를 드립니다.

오늘은 아이들(이름을 불러가며)이 웃어른들을 향해 존경과 공경의 마음을 가질 수 있게 되기를 기도합니다.

주님, 세상이 나날이 악해져가고 있습니다.

전통적인 예의범절의 가치관들도 점점 사라져가고 있습니다.

그러나 잘못된 가치관들이 창궐하며 점점 악해져가는 세상 속에서도 하나님이 주신 질서와 원리를 잊지 않는 저와 아이들이 되게 해주세요.

어른들을 보면 항상 먼저 인사하게 하시고, 말을 높이며 무례한 행동을 하지 않는 아이들이 되게 하시고 언성을 높이거나 대들기보다는 예의를 지키며 절차를 지키는 행동을 하게 해주세요.

십대의 혈기보다 겸손한 마음으로 인내하는 법을
가르쳐 주시고 어떤 상황 속에서도 어른들에게 예
의를 지키는 것은 하나님이 바라시는 일이며 또한
즐거워하시는 일이라는 것을 아이들이 깨달을 수
있게 도와주세요.
예수님의 이름으로 기도합니다. 아멘.

9일
아이들의 삶에
깊은 관심을 갖게 하소서

아이들을 맡은 교사라면
당연히 아이들을 향한 관심이 있어야 합니다.
일주일에 여러 번 아이들에게 연락을 꾸준히 하는 것은
쉬운 일이 아닐 수도 있지만 그것 역시 교사의 의무입니다.
아이들의 기본 신상에 대해서 충분히 숙지하고,
최소한 일주일에 한번이라도
간단한 통화나 문자로 연락을 취하십시오.

"또 너희가 너희 형제에게만 문안하면 남보다 더하는 것이 무엇이냐 이방인들도 이같이 아니하느냐" (마 5:47)

"네 형제가 죄를 범하거든 가서 너와 그 사람과만 상대하여 권고하라 만일 들으면 네가 네 형제를 얻은 것이요" (마 18:15)

"마지막으로 말하노니 형제들아 기뻐하라 온전하게 되며 위로를 받으며 마음을 같이하며 평안할지어다 또 사랑과 평강의 하나님이 너희와 함께 계시리라 거룩하게 입맞춤으로 서로 문안하라" (고후 13:11)

주님, 늘 지켜주시고 보살펴주시는 주님의 은혜를
찬양합니다.
오늘은 제가 맡은 아이들의 삶에 깊은 관심을 갖
는 제가 되기를 위해 기도합니다.

어린 나이라 하더라도 삶에는 문제가 있고 어려움
이 있습니다.
우리 아이들(이름을 불러가며)의 근황을 놓치지
않게 일주일에 한번이라도 연락을 함으로 아이들
을 알아가게 해주세요.

또한 단순히 의무적으로 하는 연락이 아니라 아
이들을 사랑하는 마음으로 적극적으로 행동하게
하시고 아이들도 마음을 열고 가슴에 있는 얘기
를 통하게 하시고 힘든 일이 있다면 저의 연락으
로 인해 조금이라도 위로를 받게 해주세요.

또한 이런 모습을 통해 단순히 서로 친해지기만 하는 것이 아니라 서로에 대해 더욱 알아가며 서로를 위해 기도하게 하시고 하나님의 살아계심을 체험하는 깊이있는 신앙으로 발전되기를 원합니다.

예수님의 이름으로 기도합니다. 아멘.

10일

목자로써의 책임을
다하게 하소서

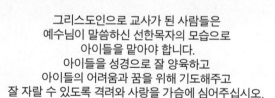

그리스도인으로 교사가 된 사람들은
예수님이 말씀하신 선한목자의 모습으로
아이들을 맡아야 합니다.
아이들을 성경으로 잘 양육하고
아이들의 어려움과 꿈을 위해 기도해주고
잘 자랄 수 있도록 격려와 사랑을 가슴에 심어주십시오.

"예수께서 이르시되 너희 중에 어떤 사람이 양 한 마리가 있어 안식일에 구덩이에 빠졌으면 끌어내지 않겠느냐"(마태복음 12:11)

"나는 선한 목자라 선한 목자는 양들을 위하여 목숨을 버리거니와"(요 10:11)

"세 번째 이르시되 요한의 아들 시몬아 네가 나를 사랑하느냐 하시니 주께서 세 번째 네가 나를 사랑하느냐 하시므로 베드로가 근심하여 이르되 주님 모든 것을 아시오매 내가 주님을 사랑하는 줄을 주님께서 아시나이다 예수께서 이르시되 내 양을 먹이라"(요 21:17)

주님, 좋은 길로 우리를 인도하여 주시는 선한목
자이신 주님께 감사를 드립니다.
선한목자되신 주님을 본 받아 아이들(이름을 불
러가며)을 향해 책임을 다하는 교사가 되기 위해
이 시간 기도하기 원합니다.

주님, 목자로써 해야 할 많은 일들이 있습니다.
아이들을 향한 커다란 사랑과 관심으로 그 책무
를 소홀히 하지 않고 완수할 에너지와 사랑을 주
시고 아이들을 위한 일을 즐겁게 할 수 있게 해주
세요.

그러나 때로는 힘이 들 때도 있습니다.
아이들이 생각만큼 따르지 않을 때도 있고, 노력
에 비해서 아무런 성과도 나지 않을 때도 있습니
다.

그러나 긍정적인 마음으로 주님을 의지함으로 이런 일들을 이겨내게 해주세요.

아이들을 있는 그대로의 모습으로 사랑하게 하시고 주님이 주시는 사랑으로 포기하지 않고 외부의 환경에 상관없이 아이들을 위해 언제나 최선을 다하는 주님을 따르는 선한목자 교사로 쓰임받기를 원합니다.
예수님의 이름으로 기도합니다. 아멘.

교사로서 할 일

1. 아이들 장래희망에 대해서 물어보기
2. 좋은 성구 말씀 카톡으로 보내기
3. 아이들에 대한 정보 다른 교사와 공유하기
4. 전도대상자를 위해 아이들과 함께 기도하기
5. 아이들 중 한 명 따로 만나거나 통화하기

하나님의 말씀을 너희에게 일러 주고 너희를 인도하던 자들을 생각
하며 그들의 행실의 결말을 주의하여 보고 그들의 믿음을 본받으
라-히 13:7

기도 체크표

10일이 지났습니다.
기도한 횟수와 당신의 추가 기도를 적어보세요.
하나님은 당신이 기도한대로 정확하게 응답하실 것입니다.

횟수	날짜	특별 추가 기도 제목
회		
회		
회		
회		
회		
회		
회		
회		
회		
회		
회		

신앙생활의 기본을
잘 가르칠 수 있게 하소서

교사들은 아이들에게
항상 기본을 잘 가르쳐야 합니다.
신앙생활의 기본을 학생의 때에 잘 다져놓는다면
이후 평생의 삶을 통해 큰 힘과 위로를 얻을 수 있습니다.
신앙생활의 기본은 말씀과 기도라는 것을 잊지 말고
교회생활을 통해 신앙의 기본을
잘 배울 수 있도록 가르치십시오.

"내가 너희에게 행한 것 같이 너희도 행하게 하려 하
여 본을 보였노라"(요 13:15)

"이를 위하여 너희가 부르심을 받았으니 그리스도도
너희를 위하여 고난을 받으사 너희에게 본을 끼쳐 그
자취를 따라오게 하려 하셨느니라"(벧전 2:21)

"내가 너희에게 분부한 모든 것을 가르쳐 지키게 하라
볼지어다 내가 세상 끝날까지 너희와 항상 함께 있으
리라 하시니라"(마 28:20)

주님, 매일 주님을 알아가는 축복을 허락해 주셔서 감사드립니다.
이 시간에는 저희 반 아이들(이름을 불러가며)이 교회생활을 통해 신앙생활의 기본을 알고 익히게 되기를 기도합니다.

일주일에 한 번씩 나오는 교회에서 드려지는 예배가 그저 아이들이 잠시 머물러 있다가 다시 떠나는 곳이 되지 않게 하시고, 성경을 배우고 하나님을 알아가는 귀한 시간이 되게 인도해주세요.

또한 교회에서 매주 드려지는 예배뿐 아니라 일상에서도 성경을 묵상하며 매일 기도로 주님께 마음을 향하는 좋은 습관을 기르는데 도움이 되는 주일 예배와 공과시간이 되기를 간구합니다.
우리 아이들(이름을 불러가며)의 모습이 조금씩

이라도 변화될 때까지 포기하지 않고 아이들을
위해 기도하고 올바로 양육할 수 있도록 넘치는
지혜와 열정을 저에게도 부어주세요.
예수님의 이름으로 기도합니다. 아멘.

12일

아이들이 친구들에게
좋은 영향력을
끼치게 하소서

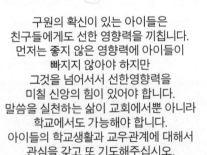

구원의 확신이 있는 아이들은
친구들에게도 선한 영향력을 끼칩니다.
먼저는 좋지 않은 영향력에 아이들이
빠지지 않아야 하지만
그것을 넘어서서 선한영향력을
미칠 신앙의 힘이 있어야 합니다.
말씀을 실천하는 삶이 교회에서뿐 아니라
학교에서도 가능해야 합니다.
아이들의 학교생활과 교우관계에 대해서
관심을 갖고 또 기도해주십시오.

"악에게 지지 말고 선으로 악을 이기라"(롬 12:21)

"그러므로 그들을 본받지 말라 구하기 전에 너희에게
있어야 할 것을 하나님 너희 아버지께서 아시느니라"
(마 6:8)

"주의 성령이 내게 임하셨으니 이는 가난한 자에게 복
음을 전하게 하시려고 내게 기름을 부으시고 나를 보
내사 포로 된 자에게 자유를, 눈 먼 자에게 다시 보게
함을 전파하며 눌린 자를 자유롭게 하고"(눅 4:18)

주님, 주님의 사랑이 충만한 오늘을 허락해주심을
감사드립니다.
오늘 이 시간에는 저와 아이들이(이름을 불러가
며) 주님의 사랑으로 변화되어서 선한 영향력을
주위에 끼치게 되기를 기도합니다.

학교폭력과 왕따가 점점 심각해지고 있는 분위기
속에서 먼저 아이들이 피해자가 되지 않게 주님께
서 언제나 지켜주세요.
그러나 피해 받는 아이들을 외면하지도 않게 하시
고 힘들고 괴로워하는 아이들에게 먼저 다가갈 수
있는 용기를 주세요.

주님, 또한 저희 아이들이 속한 학교와 생활에서
빛과 소금이 되기를 원합니다.
주님의 사랑을 말과 행동으로 본을 보이게 하시

고, 아이들을 통해 퍼지는 주님의 사랑으로, 마음에 상처가 있는 아이들을 괴롭히는 잘못된 심성을 가진 아이들까지도 변화되게 해주세요.

어려운 이 시대에 새로운 변화를 일으키는 믿음의 용사들로 우리 아이들이 세워지기를 기도합니다. 예수님의 이름으로 기도합니다. 아멘.

13일

아이들이 학업성적이 좋아 희망하는 대학에 합격하게 하소서

신앙을 통해 바른 비전을 품을 수 있는
아이들이 많아져야 합니다.
신앙과 함께 학업의 중요성도 아이들에게 가르쳐주고
아직 꿈이 없는 아이들이
어서 빨리 원하는 진로를 찾을 수 있도록
아이들의 취미와 관심에 더욱 귀를 기울여 주십시오.
교사의 관심과 열정이 한 아이의 인생을 바꿀 수 있습니다.

"너희 중에 누구든지 지혜가 부족하거든 모든 사람에게 후히 주시고 꾸짖지 아니하시는 하나님께 구하라 그리하면 주시리라"(약 1:5)

"여호와를 경외하는 것이 지혜의 근본이요 거룩하신 자를 아는 것이 명철이니라"(잠 9:10)

"또 여호와를 기뻐하라 그가 네 마음의 소원을 네게 이루어 주시리로다"(시 37:4)

주님, 말씀을 의지하여 모든 것을 할 힘을 주신 주
님을 기뻐합니다.
오늘은 우리 반 아이들의(이름을 불러가며) 미래
와 학업과 비전을 위해 주님께 간구하기 원합니
다.

주님, 먼저 저희 아이들이 주님이 주신 비전을 명
확히 가슴에 품게 하소서.
그리고 그 목표에 필요한 노력을 충분히 하게 하
시고, 명확한 목표와 성실한 노력위에 주님께서 성
취의 큰 복을 더하여 주세요.

아이들에게는 대학 입학이라는 인생의 첫 번째 커
다란 관문이 있습니다.
말씀에 의지하여 약속의 땅을 성취했던 여호수아
처럼 두려워 않고 말씀에 의지하여 이 큰 산을 거

뜬히 넘게 하시고, 아이들이 마음에 정한 학과와
원하는 대학을 들어가게 해주세요.

또한 아이들(이름을 불러가며)도 진로를 위해서
미리 계속해서 기도하며 하나님의 인도를 구하게
해주세요.
예수님의 이름으로 기도합니다. 아멘.

14일

아이들이 매일 QT하며
경건의 생활을 하게 하소서

매일 하는 큐티는 비록 짧은 시간이지만
경건생활을 훈련하는 데에 큰 유익이 있습니다.
하루에 짧은 시간이라도 하나님의 말씀을 묵상하고
또 말씀을 바탕으로 기도하는 생활의 중요성을
아이들에게 알려주십시오.
같은 큐티 교재를 사용하여 아이들과 한 주간의 깨달음을
주일날 나누는 것도 좋은 방법이 될 수 있습니다.

"너희는 이 세대를 본받지 말고 오직 마음을 새롭게 함으로 변화를 받아 하나님의 선하시고 기뻐하시고 온전하신 뜻이 무엇인지 분별하도록 하라"(롬 12:2)

"진리의 말씀이 내 입에서 조금도 떠나지 말게 하소서 내가 주의 규례를 바랐음이니이다"(시 119:43)

"다니엘이 이 조서에 왕의 도장이 찍힌 것을 알고도 자기 집에 돌아가서는 윗방에 올라가 예루살렘으로 향한 창문을 열고 전에 하던 대로 하루 세 번씩 무릎을 꿇고 기도하며 그의 하나님께 감사하였더라"(단 6:10)

주님, 우리가 주님을 바랄 때 언제나 만나주시는 주님께 이 시간 기도합니다.

오늘은 매일 경건의 생활을 하는 아이들이 되기를 위해 기도합니다.

그러나 먼저 말로만 우리 아이들(이름을 불러가며)에게 말하고 시키는 것이 아니라 항상 행동으로 본을 보이며 겸손하게 지도하는 제가 되게 해주세요.

강렬한 체험으로 주님을 만나고 성령을 의지하는 것도 중요하지만 일상이 신앙생활의 연장이 되는 것은 더욱 중요하다고 믿습니다.

하루의 잠시라도 시간을 내어 성경을 통해 주님의 말씀을 듣고, 기도로 주님께 심정을 아뢰어 주님을 만나는 아이들이 되기를 기도합니다.

주님, 우리 아이들이 QT를 통해 경건생활의 훈련을 하게 하시고 매일의 묵상으로 주님을 향한 사랑이 더욱 깊어지고 지혜와 덕이 충만해져 하나님을 더욱 닮아가는 주님의 제자가 되게 하소서.

매일 은혜로운 QT를 통해 한 주간 주님을 체험하고 매주 그 은혜를 나누며 서로 격려하는 우리 반이 되기를 간구합니다.
예수님의 이름으로 기도합니다. 아멘.

15일

아이들이 사탄의 공격을
이기게 지켜 주소서

사회의 악한 영향력에 대해서
아이들은 철저히 보호받아야 합니다.
점점 선정적으로 변하고 자극적이 되는 세상의 문화와
사탄의 간교한 꾐에 아이들이 빠지지 않도록
열심히 아이들을 위해 기도하고
거룩한 삶의 본을 보이는 바람직한 교사가 되십시오.

"그러므로 형제들아 내가 하나님의 모든 자비하심으로 너희를 권하노니 너희 몸을 하나님이 기뻐하시는 거룩한 산 제물로 드리라 이는 너희가 드릴 영적 예배니라"(롬 12:1)

"그러므로 하나님의 전신 갑주를 취하라 이는 악한 날에 너희가 능히 대적하고 모든 일을 행한 후에 서기 위함이라"(엡 6:13)

"우리는 낮에 속하였으니 정신을 차리고 믿음과 사랑의 호심경을 붙이고 구원의 소망의 투구를 쓰자"
(살전 5:8)

주님, 오늘도 천군천사를 통해 저와 아이들을 지켜주심을 감사드립니다.
이 시간에는 아이들의 몸과 마음이 시대의 악한 영향력으로부터 자유로워질 수 있게 되기를 기도합니다.

우리 아이들(이름을 불러가며)이 대중매체와 잘못된 시대의 흐름 속에 마음이 길을 잃지 않게 주님 도와주세요.
선정적이고 자극적인 광고와 드라마, 각종 프로그램으로 인해 잘못된 성적 가치관과 옳지 못한 이성교제를 하지 않게 지켜주세요.

또한 허영심에 빠지지 않게 도와주시고, 물질적인 가치보다도 더 중요한 것에 초점을 맞추고 인생을 살아가는 우리 아이들(이름을 불러가며)이 되게

해주세요.

아이들이 사탄의 유혹과 공격에 넘어가지 않고 거룩한 주님의 자녀로써 살아가게 되기를 기도합니다.
항상 아이들을 지켜주시고 악한 길로 빠지지 않도록 몸과 마음을 인도해주세요.
예수님의 이름으로 기도합니다. 아멘.

교사로서 할 일

1. 아이들과 식사 약속 잡기
2. 서로의 기도제목 나누기
3. 좋은 신앙서적 추천해주기
4. 전도 대상자 직접 만날 계획 세우기
5. 아이들 중 한 명 따로 만나거나 통화하기

나를 능하게 하신 그리스도 예수 우리 주께 내가 감사함은 나를 충
성되이 여겨 내게 직분을 맡기심이니-딤전 1:12

기도 체크표

15일이 지났습니다.
기도한 횟수와 당신의 추가 기도를 적어보세요.
하나님은 당신이 기도한대로 정확하게 응답하실 것입니다.

횟수	날짜	특별 추가 기도 제목
회		
회		
회		
회		
회		
회		
회		
회		
회		
회		
회		
회		

16_일
아이들의 입장에서
생각하게 하소서

아이들의 멘토 역할을 수행하기 위해선
먼저 마음을 터놓는 관계가 되는 것이 중요합니다.
아이들이 현재의 상황 속에 처한 환경과 상황을 이해함으로
눈높이를 맞추고 함께 지속적으로 대화를 하십시오.
시간이 걸리더라도 신뢰가 쌓이고
돈독한 관계가 되게 하십시오.

"주 예수 그리스도의 은혜와 하나님의 사랑과 성령의 교통하심이 너희 무리와 함께 있을지어다"(고후서 13:13)

"예수께서 앉으사 열두 제자를 불러서 이르시되 누구든지 첫째가 되고자 하면 뭇 사람의 끝이 되며 뭇 사람을 섬기는 자가 되어야 하리라 하시고"(막 9:35)

"생명의 경계를 듣는 귀는 지혜로운 자 가운데에 있느니라"(잠 15:31)

주님, 겸손과 섬김의 본을 보이신 주님의 발자취를 따르길 원합니다.
주님의 겸손의 모습을 따라 저도 우리 아이들을 (이름을 불러가며) 섬기며 아이들의 생각과 마음을 이해할 수 있게 되기를 기도합니다.

성장기의 청소년들의 정서는 불안하고 고민도 많습니다.
그런 고민들이 이미 청소년 때를 지나온 어른의 생각으로는 어리석고 무지한 생각처럼 느껴질 때도 있지만 항상 아이들의 눈높이에 맞추어 아이들의 고민을 들어줌으로 공감하며 마음과 마음이 더욱 가까워지게 되기를 원합니다.

때로는 아이들이 저를 믿지 못하더라도 실망치 않게 하시고 계속되는 만남을 통해 관계가 깊어지게

해주세요.

또한 작은 약속이라도 어기지 않으며 신뢰할 수 있는 교사의 모습으로 저의 신앙과 습관들을 세워주시기를 간구합니다.

아이들을 사랑하는 마음으로 아이들을 이해하며 아이들의 고민을 들어주고 기도해주는 교사가 되기를 원합니다.

예수님의 이름으로 기도합니다. 아멘.

아이들이 전도를 통한
부흥에도 열정을
갖도록 하소서

교회의 목표 중 하나는 제자를 삼는 것입니다.
먼저 아이들이 예수님의 제자로 성장해야 하지만
그 다음은 전도를 통해
주변 사람들에게 복음을 전해야 합니다.
아이들이 관계를 통한 전도에 관심을 가질 수 있게 돕고
주변 사람들을 교회로
초청할 수 있는 용기를 위해 기도하십시오.
아이들의 가슴에 전도에 대한 불씨를 심어주고
부흥의 비전을 공유하십시오.

"좋은 소식을 전하며 평화를 공포하며 복된 좋은 소식
을 가져오며 구원을 공포하며 시온을 향하여 이르기를
네 하나님이 통치하신다 하는 자의 산을 넘는 발이 어
찌 그리 아름다운가"(사 52:7)

"이르되 주 예수를 믿으라 그리하면 너와 네 집이 구
원을 받으리라 하고"(행 16:31)

"내가 내 자녀들이 진리 안에서 행한다 함을 듣는 것
보다 더 기쁜 일이 없도다"(요삼 1:4)

주님, 제자의 사명을 가르쳐 주신 주님의 말씀을 따르기 원합니다.
저희 교회와 교육부서의 부흥을 위해서 전도를 결심하는 저와 아이들이(이름을 불러가며) 되기를 기도합니다.

주님, 먼저는 아이들이 주님의 사랑을 깨닫고 구원받게 되기를 원합니다.
그러나 학생의 때에 주님을 만남으로 구원받는 기쁨을 자신들만 누리고 간직하는 것이 아니라 주위 사람들에게도 전하게 하소서.

먼저는 믿지 않는 가족과 친한 친구들부터 전하게 하시고 단순히 말로만 전도를 하는 것이 아니라 변화된 행실과 덕을 세우는 성품으로 주님의 사랑을 보이며 전도하게 해주세요.

또한 교사로서 저도 전도의 실천에 앞장설 수 있게 해주시고, 믿지 않는 친구들과 자주 만나려고 노력하며 시간과 물질적인 지원을 아까워하지 않고 전도의 열매를 위한 노력을 할 수 있는 충성된 교사로 쓰임받게 되기를 원합니다.

예수님의 이름으로 기도합니다. 아멘.

18일
오랫동안 못본 아이들에게
꾸준히 연락하게 하소서

아이들을 향한 지속적인 연락과 관심은 매우 중요합니다.
매주 빠진 아이들을 잘 체크하고
연락을 통해 관리해야 하며,
특별히 장기간 교회에
나오지 않는 아이들도 포기하지 마십시오.
아이들이 교회에 나오지 않는 문제가 무엇인지 알려고 하고
또 도움을 주려는 자세를 가지십시오.

"새 계명을 너희에게 주노니 서로 사랑하라 내가 너희를 사랑한 것 같이 너희도 서로 사랑하라"(요 13:34)

"너희 생각에는 어떠하냐 만일 어떤 사람이 양 백 마리가 있는데 그 중의 하나가 길을 잃었으면 그 아흔아홉 마리를 산에 두고 가서 길 잃은 양을 찾지 않겠느냐"(마 18:12)

"이 내 아들은 죽었다가 다시 살아났으며 내가 잃었다가 다시 얻었노라 하니 그들이 즐거워하더라"(눅 15:24)

주님, 모든 영혼이 구원받기를 원하는 주님의 마음을 알게 되기를 원합니다.
교회에 오랫동안 나오지 않는 아이들을(이름을 불러가며) 위해 이 시간 주님께 더욱 간절한 마음으로 간구하길 원합니다.

요즘 학생들은 너무나 바쁜 삶을 살고 있습니다.
주말에도 학원을 가거나 공부를 하러 도서관에 가는 아이들도 많습니다.
그러나 주님, 아이들이 주님의 날을 소중히 생각하게 하시고 예배를 통해 주님을 만나는 충만한 기쁨을 알게 되기를 원합니다.

또한 나오지 않는다고 연락을 포기하는 것이 아니라 꾸준히 전화와 문자로 아이들에게 연락을 하게 하시고 합당한 이유로 주일을 빠지더라도 주일만

큼은 예배를 드릴 수 있도록 담대하게 종용하는 교사가 되게 해주세요.

교회에 꾸준히 나오는 다른 아이들도 관심을 갖고 연락을 하게 하시고 서로가 교회 안에서 신앙생활을 하며 서로의 믿음에 도움이 되는 우정과 신앙이 풍성한 관계로 우리 반 아이들이 커가도록 도와주세요.
예수님의 이름으로 기도합니다. 아멘.

19일

교사로
주님을 섬기게 하심을
늘 감사하게 하소서

아이들을 양육하는
목자의 자리를 맡게 된 것은 큰 축복입니다.
선을 행하되 낙심하지 말라는 주님의 말씀을 기억하고
교사의 자리가 힘들고 어려운 순간이 있을지라도
주님께 감사하는 마음으로 더욱 열심히 양육하십시오.
충성된 자세로 열심히 헌신하다보면
결실은 분명히 맺힙니다.

"주의 권능의 날에 주의 백성이 거룩한 옷을 입고 즐거이 헌신하니 새벽 이슬 같은 주의 청년들이 주께 나오는도다"(시 110:3)

"모든 성경은 하나님의 감동으로 된 것으로 교훈과 책망과 바르게 함과 의로 교육하기에 유익하니"
(딤후 3:16)

"느헤미야가 또 그들에게 이르기를 너희는 가서 살진 것을 먹고 단 것을 마시되 준비하지 못한 자에게는 나누어 주라 이 날은 우리 주의 성일이니 근심하지 말라 여호와로 인하여 기뻐하는 것이 너희의 힘이니라 하고"(느 8:10)

주님, 귀한 교사의 직분을 허락하신 은혜에 큰 감
사를 드립니다.
아직 부족한 모습이지만 우리 아이들(이름을 불
러가며)을 섬기고 양육하게 하는 일에 헌신하는
저의 모습을 위해서 이 시간 기도하기 원합니다.

주님, 먼저 모습과 행실로 본이 되기를 원합니다.
바른생활과 신앙생활의 기본적인 모습들을 지키
게 하시고, 경건한 삶과 좋은 품성으로 아이들에
게 하나님의 모습을 조금이라도 보여주며 가르쳐
줄 수 있게 되기를 기도합니다.

오래 참는 인내의 성품을 주시며, 아이들을 이해
하는 공감의 마음을 주시고, 그러면서도 하나님
의 말씀과 구원의 확신을 심어주는 교사가 되게
해주세요.

늘 아이들을 위해 기도하며 아이들의 영성이 바로
서는 일에 큰 관심을 갖고 노력을 기울이는 교사
가 되기를 원합니다.

그러나 이런 일들이 사람의 노력으로 되는 것이
아니라 성령님의 능력으로만 되는 것을 알게 하시
며 조급해하지 않고 주어진 기회에 최선을 다하며
노력하는 교사가 되게 하소서.
예수님의 이름으로 기도합니다. 아멘.

20_일

아이들의 잘못을
사랑으로 용서하게 하소서

예수님은 십자가에 달리신 상황에서도
사람들을 용서하고 또 사랑하셨습니다.
아이들이 때로는 큰 실수를 저질렀다 하더라도
감정을 앞세우지 말고
사랑으로 이해하고 보듬어주십시오.
그러나 용서와 이해에서 끝나지 않고
실수를 바로잡아 주는 것도
중요한 일임을 잊지 마십시오.

"이에 예수께서 이르시되 아버지 저들을 사하여 주옵소서 자기들이 하는 것을 알지 못함이니이다 하시더라 그들이 그의 옷을 나눠 제비 뽑을새"(눅 23:34)

"예수께서 이르시되 네게 이르노니 일곱 번뿐 아니라 일곱 번을 일흔 번까지라도 할지니라"(마 18:22)

"또 마음을 다하고 지혜를 다하고 힘을 다하여 하나님을 사랑하는 것과 또 이웃을 자기 자신과 같이 사랑하는 것이 전체로 드리는 모든 번제물과 기타 제물보다 나으니이다"(막 12:33)

주님, 십자가에서 보여주신 주님의 용서의 모습을
배우고 따르기 원합니다.
우리 아이들이(이름을 불러가며) 잘못된 행동이
나 실수를 한다고 하더라도 먼저 사랑과 용서의
마음을 갖게 되기를 주님께 기도합니다.

착하고 바른 아이들만 교회에 오는 것이 아님을
알게 하시고 마음에 상처가 있는 아이들에게 더
욱 사랑과 용서가 필요함을 알게 해주세요.
때로는 야단도 치고 바르게 가르쳐야 할 때도 있
지만 그보다도 먼저 사랑과 용서의 마음으로 아이
들을 대하길 바랍니다.

어떤 순간이라도 아이들을 정말로 미워하는 잘못
된 마음이 생기지 않게 하시고, 부족한 모습만큼
더욱 사랑하고 기도해주는 교사가 되기를 원합니

다.
아이들을 향한 오해와 질타를 막아주는 방패가
되게 하시고, 아이들을 바른 길로 인도하는 나침
반이 되게 해주세요.

죄인을 사랑하고 용서하셨던 주님의 마음이 우리
아이들을 향한 저의 모습과 저희 교회 모든 교사
들의 마음에도 있기를 간절히 소원합니다.
예수님의 이름으로 기도합니다. 아멘.

교사로서 할 일

1. 서로의 비전에 대해서 나누기
2. 감사기도제목 적는 노트 구입해서 실천하기
3. 장기결석자에게 연락하고 만남 계획하기
4. 같은 말씀으로 아이들과 묵상하기
5. 큐티책 선물로 주기

주께서 너희 마음을 인도하여 하나님의 사랑과 그리스도의 인내에
들어가게 하시기를 원하노라–살후 3:5

기도 체크표

20일이 지났습니다.
기도한 횟수와 당신의 추가 기도를 적어보세요.
하나님은 당신이 기도한대로 정확하게 응답하실 것입니다.

횟수	날짜	특별 추가 기도 제목
회		
회		
회		
회		
회		
회		
회		
회		
회		
회		
회		
회		

21일
좋은 프로그램을
기획할 수 있게 하소서

10년 전과 지금의 시대가 확연히 다르듯이
10년 전의 학생과 지금의 학생들도 많은 차이가 있습니다.
달라진 시대상황과 아이들의 관심에 따라서
교회의 전도 프로그램과 양육 프로그램에도
변화가 있어야 합니다.
복음의 본질은 변하지 않지만
전하는 방법은 달라질 수 있습니다.
우리 지역, 우리 교회 아이들을 위한
다양한 프로그램을 개발하십시오.

기도하기 전 읽고 묵상 할 성구

"충성되고 지혜 있는 종이 되어 주인에게 그 집 사람들을 맡아 때를 따라 양식을 나눠 줄 자가 누구냐"
(마 24:45)

"그런즉 심는 이나 물 주는 이는 아무 것도 아니로되 오직 자라게 하시는 이는 하나님뿐이니라"(고전 3:7)

"네가 이것으로 형제를 깨우치면 그리스도 예수의 좋은 일꾼이 되어 믿음의 말씀과 네가 따르는 좋은 교훈으로 양육을 받으리라"(딤전 4:6)

주님, 아이들과 함께 신앙생활을 하는 축복을 주심을 감사드립니다.
새술은 새부대에 담으라고 하셨던 주님, 오늘은 저희 교회와 지역의 아이들에게 맞는 전도와 양육 프로그램을 위한 지혜를 주님께 간구하기 원합니다.

예수님을 통한 복음의 본질과 전도를 해야 하는 교회와 제자의 사명은 절대로 변하지 않습니다.
그러나 시대에 맞는 방법으로 더 많은 사람들에게 효율적으로 복음을 전할 수 있는 방법을 위한 지혜를 주세요.

저뿐 아니라 모든 교사들이 이런 주제에 관심을 갖게 하시고, 함께 신앙 생활하는 저희 아이들(이름을 불러가며)에게도 좋은 생각과 실행할 수 있

는 열정을 주셔서 함께 지역의 잃어버린 영혼들을
위한 귀한 사명을 감당하게 하소서.

또한 이러한 일들을 감당하기 위해 필요한 일들이
있습니다.
저와 다른 교사들 그리고 우리 학생들이 지금 세
대의 특징과 사회적 이슈들을 올바로 이해하고
응용하게 하시고, 영혼 구원을 위한 교회의 지원
과 배려도 순조롭게 이루어지게 되길 기도합니다.
예수님의 이름으로 기도합니다. 아멘.

22일
지치고 힘들어도 극복할
수 있는 열정을 주소서

교육부서에서 아이들을 양육하는 것은
보람만큼 힘도 많이 듭니다.
교사 생활 초기에 있었던 뜨거운 열정도 점점 사그라지고
때로는 사역을 쉬고 싶은 맘도 듭니다.
그러나 아이들을 향한 사랑과
하나님이 주신 사명감을 잊지 말아야 합니다.
어떤 어려움과 상황 속에서도
지칠 줄 모르는 교사의 열정만이
아이들의 영혼과 마음을 생명의 길로
돌이킬 수 있다는 것을 명심해야 합니다.

기도하기 전 읽고 묵상 할 성구

"곤고한 자가 이를 보고 기뻐하나니 하나님을 찾는 너희들아 너희 마음을 소생하게 할지어다"(시 69:32)

"오직 여호와를 앙망하는 자는 새 힘을 얻으리니 독수리가 날개 치며 올라감 같을 것이요 달음박질하여도 곤비하지 아니하겠고 걸어가도 피곤하지 아니하리로다"(사 40:31)

"또 마음을 다하고 지혜를 다하고 힘을 다하여 하나님을 사랑하는 것과 또 이웃을 자기 자신과 같이 사랑하는 것이 전체로 드리는 모든 번제물과 기타 제물보다 나으니이다"(막 12:33)

주님, 오늘도 영의 갈급함을 채우시고 소생시켜
주시는 주님을 찬양합니다.
오늘은 우리 아이들을(이름을 불러가며) 향한 저
의 열정과 주님의 사명을 감당하는 저의 마음의
열정이 식지 않기를 위해 기도합니다.

주님, 먼저 사역을 시작하며 가졌던 저의 각오와
열정을 잃지 않게 하소서.
하나님을 위해 즐거이 헌신하고자 마음을 가졌던
순간과 아이들을 위해 봉사하고 섬기려고 했던 가
슴 속의 열정을 매주, 매일 잊지 않고 살아가게 되
기를 원합니다.

반복되는 예배와 아이들과의 만남 속에 매너리즘
에 빠지지 않게 하시고, 이런 관계와 만남이 더욱
깊은 신뢰와 사랑, 그리고 교회의 부흥으로 발전

하게 이끌어 주소서.

이 시간에도 저의 마음속에 떠오르는 무거운 생각들과 교회에서 경험했던 여러 가지 문제들을 모두 주님께 맡기게 해주시고, 주님께서 맡겨주신 아이들의 영혼을 위한 사명에 더욱 집중하며 교사의 직분을 감당하게 되기를 원합니다.
예수님의 이름으로 기도합니다. 아멘.

23일
아이들의 가정이
안정되고 화목하게 하소서

점점 늘고 있는 이혼 가정 속에서
고통 받는 아이들도 점점 늘고 있습니다.
이제는 교사들도 아이들의
마음의 상처에 관심을 가져야 합니다.
마음에 상처를 가진 아이들의 공허함과 쓸쓸함을
하나님의 사랑과 교사의 관심으로 인해
해결할 수 있음을 기억해야 합니다.
또한 아이들의 모든 가정에
화목과 사랑이 꽃필 수 있도록 기도하십시오.

기도하기 전 읽고 묵상 할 성구

"그들의 입을 막을 것이라 이런 자들이 더러운 이득을 취하려고 마땅하지 아니한 것을 가르쳐 가정들을 온통 무너뜨리는도다"(딛 1:11)

"사람의 행위가 여호와를 기쁘시게 하면 그 사람의 원수라도 그와 더불어 화목하게 하시느니라"(잠 16:7)

"마른 떡 한 조각만 있고도 화목하는 것이 제육이 집에 가득하고도 다투는 것보다 나으니라"(잠 17:1)

주님, 언제나 우리를 사랑하시는 주님께 마음을
드리길 원합니다.
태초부터 지금까지 하나님의 사랑을 거두지 않으
시는 주님, 주님의 사랑으로 우리 아이들(이름을
불러가며)의 가정에 충만한 평안과 사랑으로 화
목한 가정이 되기를 기도합니다.

주님, 먼저 우리 교회의 아이들의 가정에 관심을
가지는 저와 교사들이 되기를 원합니다.
아이들의 가정상황과 근황을 교사들이 제대로 파
악하고 서로 공유하며 기도하게 되기를 원합니다.

저희 교회의 아이들 중에는 가정의 어려움으로 인
해 방황하는 아이들이 없게 하시고, 아이들의 부
모님의 관계가 좋지 않다면 회복되게 하시고, 자
녀들과의 관계에도 이해와 배려가 싹트는 주님의

축복이 임하는 화목한 가정이 되기를 주님께 간구합니다.

안정된 가정 속에서 아이들이 하나님의 사랑을 체험하고 비전을 위해 온전히 노력할 수 있는 가정환경을 꾸리게 하소서.
예수님의 이름으로 기도합니다. 아멘.

24일
마음에 상처가 있는
아이들을 잘 보듬게 하소서

중고등학생의 자살문제가
심각하게 대두되고 있습니다.
왕따와 학교폭력으로 얼룩진
학창시절을 보내는 아이들도 많습니다.
어린 시절에 가슴에 생긴 상처는
평생 동안 영향을 미치기 때문에
마음에 상처가 있는 학생들이 있는지
유심히 살피고 돌봐야 합니다.
신앙생활을 통해 그 상처가 치유되고 회복될 수 있도록
하나님의 자녀라는 자존감을 아이들에게 심어주십시오.

기도하기 전 읽고 묵상 할 성구

"우리가 환난 당하는 것도 너희가 위로와 구원을 받게 하려는 것이요 우리가 위로를 받는 것도 너희가 위로를 받게 하려는 것이니 이 위로가 너희 속에 역사하여 우리가 받는 것 같은 고난을 너희도 견디게 하느니라" (고후 1:6)

"너희 마음을 위로하시고 모든 선한 일과 말에 굳건하게 하시기를 원하노라" (살후 2:17)

"평안을 너희에게 끼치노니 곧 나의 평안을 너희에게 주노라 내가 너희에게 주는 것은 세상이 주는 것과 같지 아니하니라 너희는 마음에 근심하지도 말고 두려워하지도 말라" (요 14:27)

주님! 주님의 위로와 평안이 임하기를 이 시간 간구합니다.

우리 아이들(이름을 불러가며) 중에 현재 상처받은 마음으로 힘들어하는 아이들의 마음이 치유되기를 이 시간 눈물로 주님 앞에 기도합니다.

주님, 가정 문제로 고통 받는 아이들이 있다면, 그 아이들이 가정 안에서 상처받고 눈물 흘리고 흔들리고 잘못된 길로 빠지지 않게 잡아주시고, 믿음으로 흔들림 없이 바로 설 수 있도록 저를 사용해주소서.

주님, 또한 왕따와 폭력 같은 문제로 마음에 상처받은 아이들이 있다면 그 어려움들을 이겨낼 용기를 주님께서 주시고, 비참한 과거에 얽매인 삶이 아니라 아픈 상처를 극복하고 희망을 누려가는 삶이 되게 해주세요.

늘 그 아이들을 위해서 기도하며 격려와 사랑으
로 그 아이들에게 힘이 될 수 있는 제가 되도록 인
도해주소서.
예수님의 이름으로 기도합니다. 아멘.

25일
본 예배의 시간을
소중히 여기게 하소서

어떤 교회는 아이들은 성인이 되기까지
각 부서에 소속된 예배를 드리다가
결국 성인이 되고부터는 본 예배를 드립니다.
아이들이 부서를 졸업하고 나서
본 예배에 온전히 적응하기 위해서는
부서에 있을 때부터 본 예배를 중요하게 생각하고
교사와 친구들과 함께 참여하는 습관이 필요합니다.
아이들과 함께 본 예배를 드리십시오.

기도하기 전 읽고 묵상 할 성구

"예수께서 대답하여 이르시되 기록된 바 주 너의 하나 님께 경배하고 다만 그를 섬기라 하였느니라"(눅 4:8)

"아버지께 참되게 예배하는 자들은 영과 진리로 예배 할 때가 오나니 곧 이 때라 아버지께서는 자기에게 이 렇게 예배하는 자들을 찾으시느니라"(요 4:23)

"그러므로 형제들아 내가 하나님의 모든 자비하심으 로 너희를 권하노니 너희 몸을 하나님이 기뻐하시는 거룩한 산 제물로 드리라 이는 너희가 드릴 영적 예배 니라"(롬 12:1)

주님! 신령과 진정으로 예배하는 저와 아이들이
되기를 원합니다.
오늘은 저와 함께 신앙생활을 하고 있는 아이들
(이름을 불러가며)의 예배 생활을 위해 주님께 기
도하기 원합니다.

먼저는 교육부서의 예배를 아이들이 소중히 여기
고 주님 앞에 성실한 모습으로 드릴 수 있게 해주
세요.
저마다의 은사로 예배를 준비하며 주님께 아름답
게 마음을 드리는 우리 아이들이(이름을 불러가
며) 되기를 주님께 소망합니다.

그러나 주님, 아이들이 어른들의 예배를 따로 구
분하지 않기를 원합니다.
전통적인 방식의 예배를 식상하게 생각하지 않게

하시고, 부서의 예배 뿐 아니라 어른들과 함께 드리는 회중 예배까지도 감당할 수 있는 믿음을 주시기를 원합니다.

또한 아이들이 훗날 전통적인 방식의 예배에 잘 적응할 수 있도록 아이들과 함께 정기적으로 함께 회중 예배에 참여하게 하시고, 교사로 섬긴다거나 다른 이유로 인해 본 예배를 소홀히 하지 않는 제가 되도록 주님께서 인도해주세요.
예수님의 이름으로 기도합니다. 아멘.

교사로서 할 일

1. 같은 시간에 같은 제목으로 기도약속 잡기
2. 아이들 최근근황 확인하기
3. 은혜로운 영상 찾아서 아이들에게 보내주기
4. 아이들과 회중 예배 함께 참석할 계획 세우기
5. 아이들 중 한 명 따로 만나거나 통화하기

나로 하여금 깨닫게 하여 주소서 내가 주의 법을 준행하며 전심으로
지키리이다-시 119:34

기도 체크표

25일이 지났습니다.
기도한 횟수와 당신의 추가 기도를 적어보세요.
하나님은 당신이 기도한대로 정확하게 응답하실 것입니다.

횟수	날짜	특별 추가 기도 제목
회		
회		
회		
회		
회		
회		
회		
회		
회		
회		
회		
회		

26일
결실이 열리지 않는다고
실족하지 않게 하소서

교사들이 아무리 노력해도
아이들이 변하지 않을 수도 있습니다.
전도를 위해 아무리 발로 뛰어도
부흥이 되지 않을 수도 있습니다.
그러나 커다란 건축물일수록
기초공사에 오랜 공을 들여야 하듯이
겉으로 보이는 변화가 없을 지라도
분명히 아이들은 변하고 있습니다.
백배의 결실을 맺는 풍성한 나무로
아이들을 자라게 할 하나님을 믿으며
열심히 씨를 뿌리고 가꾸는 교사가 되십시오.

기도하기 전 읽고 묵상 할 성구

"여호와와 그의 능력을 구할지어다 그의 얼굴을 항상 구할지어다"(시 105:4)

"우리가 선을 행하되 낙심하지 말지니 포기하지 아니하면 때가 이르매 거두리라"(갈 6:9)

"너희가 피곤하여 낙심하지 않기 위하여 죄인들이 이같이 자기에게 거역한 일을 참으신 이를 생각하라"
(히 12:3)

주님, 아이들이 날마다 주님을 알아가게 되기를
기도합니다.
우리 아이들(이름을 불러가며)을 위해 기도하는
일을 매일 빼먹지 않는 교사로 제가 쓰임 받게 하
시고 그 기도로 인해 주님의 사랑을 깨닫는 축복
을 아이들에게 주세요.

때로는 주님을 알기 원하는 저의 간절한 마음과
는 달리 아이들이 전혀 흥미도 보이지 않고 마음
도 열지 않을 때가 있습니다.
그러나 주님, 아이들이 부정적인 반응을 보인다
해도 더욱 힘을 내어 아이들을 돌보고 사랑하게
되기를 원합니다.

지금 당장은 이런 일들이 아이들에게 아무런 의미
가 없어 보이지만 제가 주님께 매일 기도하는 간

절한 마음과 매주 아이들을 향해 쏟는 사랑과 열정이 아이들의 인생에 중요한 밑거름과 신앙의 기초가 되기를 주님께 기도합니다.

지치지 않는 열정과 사랑을 제 마음에 부어주시고 눈에 보이는 결실에 집착하지 않고 느긋한 마음으로 아이들을 양육하는 마음을 갖게 되기를 원합니다.
예수님의 이름으로 기도합니다. 아멘.

27일
아이들을 외형으로
판단하는 실수를
않게 하소서

하나님은 절대로 외모로 사람을 취하지 않으십니다.
행여나 아이들의 가정환경이나 겉모습을 기준으로
아이들을 차별하지 않도록 노력해야 합니다.
사람은 누구나 행복해질 권리가 있으며
외모와 태어난 환경이 아닌
실력과 성품으로 인정받을 수 있다는 사실을
성경말씀과 교회 생활을 통해 깨닫게 도와주십시오.

기도하기 전 읽고 묵상 할 성구

"여호와께서 사무엘에게 이르시되 그의 용모와 키를 보지 말라 내가 이미 그를 버렸노라 내가 보는 것은 사람과 같지 아니하니 사람은 외모를 보거니와 나 여호와는 중심을 보느니라 하시더라"(삼상 16:7)

"외모로 판단하지 말고 공의롭게 판단하라 하시니라"
(요 7:24)

"상전들아 너희도 그들에게 이와 같이 하고 위협을 그치라 이는 그들과 너희의 상전이 하늘에 계시고 그에게는 사람을 외모로 취하는 일이 없는 줄 너희가 앎이라"(엡 6:9)

주님! 아이들을 향한 사랑의 마음을 오늘도 부어
주소서.

이 시간 주님께서 맡겨주신 우리 소중한 아이들
을(이름을 불러가며) 위해서 주님께 간절히 무릎
꿇고 기도드립니다.

먼저 아이들을 똑같이 주님의 마음으로 대하고
사랑하길 원합니다.

아이들을 대할 때 행여나 아이들 부모님의 직분이
나, 생김새와 성적, 외모와 옷차림 같은 외형적인
모습으로 평가하는 잘못을 범하지 않게 해주세
요.

또한 주님도 외모로 사람을 취하지 않으셨다는
사실을 아이들이 알 수 있게 제가 가르치게 하시
고 아이들 역시도 서로 잘못된 가치관으로 판단

하지 않도록 주님께서 저희 생각과 마음을 바로
잡아 주세요.

세상의 잘못된 가치관으로 인해 지나치게 외모와
보이는 모습에 집착하지 않도록 주님께서 아이들
의 마음을 올바로 인도해 주세요.
예수님의 이름으로 기도합니다. 아멘.

28일
훈계와 권면은
사랑의 마음으로
할 수 있게 하소서

교사에겐 사랑과 배려뿐만 아니라
훈계와 권면의 모습도 있어야 합니다.
아이들과 눈을 맞추고 이해하고 배려하는 모습도 필요하지만
사랑에서 나오는 훈계와 권면의 모습이 없다면
잘못을 가르칠 수 없고 바른 길로 인도를 할 수 없습니다.
그러나 아이들을 훈계할 때는
언제나 사랑을 바탕으로 해야 합니다.
미움과 분노의 감정이 끼어들지 않게 스스로 늘 살피십시오.

기도하기 전 읽고 묵상 할 성구

"그러므로 우리가 그리스도를 대신하여 사신이 되어 하나님이 우리를 통하여 너희를 권면하시는 것 같이 그리스도를 대신하여 간청하노니 너희는 하나님과 화목하라"(고후 5:20)

"거역하는 자를 온유함으로 훈계할지니 혹 하나님이 그들에게 회개함을 주사 진리를 알게 하실까 하며"(딤후 2:25)

"미쁜 말씀의 가르침을 그대로 지켜야 하리니 이는 능히 바른 교훈으로 권면하고 거슬러 말하는 자들을 책망하게 하려 함이라"(딛 1:9)

주님! 선한 목자 되신 주님께 오늘도 아이들을 맡깁니다.

오늘은 우리 아이들(이름을 불러가며)에게 바른 분별을 할 수 있는 지혜가 임하기를 주님께 기도합니다.

교회에 나온다 하더라도, 주님을 만났다 하더라도 아직 자라나는 아이들은 때때로 실수와 잘못을 저지릅니다.

주님, 필요한 때라면 아이들을 혼냄으로 바른 길로 인도할 수 있는 교사가 되기를 간절히 원합니다.

그러나 어떠한 상황에서도, 어떠한 잘못을 저질렀다 하더라도 절대로 감정적으로 아이들을 대하지 않게 하시고 아이들의 마음의 상처와 자존심을 건드리는 말들은 입밖으로 나오지 않게 하소서.

오직 아이들이 잘되고 바로 서기를 바라는 사랑
의 마음으로 아이들을 훈계하게 하시고, 아이들도
이런 저의 마음을 깨닫고 상처받고 실족하기 보다
자신을 돌아보고 한 단계 더 성장하게 되기를 원
합니다.
예수님의 이름으로 기도합니다. 아멘.

29일
아이들을 섬김을
즐거워하며 하게 하소서

교사로 헌신하는 일은
많은 준비와 노력이 필요합니다.
그러나 교사로의 헌신은
또한 이런 수고와는 비교할 수 없을 정도의
보람과 은혜가 있는 일이기도 합니다.
함께 성장해나가는 아이들의 믿음을 지켜보는 보람이 있는
교사의 직분을 소중히 여길 때
매주일의 헌신이 즐거워 집니다.
아이들과 예수님과 함께 호흡하는 신앙생활을 하십시오.

기도하기 전 읽고 묵상 할 성구

"한 사람이 순종하지 아니함으로 많은 사람이 죄인 된 것 같이 한 사람이 순종하심으로 많은 사람이 의인이 되리라"(롬 5:19)

"너희의 순종함이 모든 사람에게 들리는지라 그러므로 내가 너희로 말미암아 기뻐하노니 너희가 선한 데 지혜롭고 악한 데 미련하기를 원하노라"(롬 16:19)

"나는 네가 순종할 것을 확신하므로 네게 썼노니 네가 내가 말한 것보다 더 행할 줄을 아노라"(몬 1:21)

주님! 죽기까지 순종하셨던 주님의 모습을 본받길
기도합니다.
오늘은 교사로써의 헌신의 기회를 주신 주님께 감
사하며 더욱 아이들을 섬기며 사랑하는 마음을
위해 기도합니다.

이 시간 저희 아이들을(이름을 불러가며) 한 명씩
떠올리며 주님께 기도합니다.
주님, 이 아이들의 미래와 영혼을 주님께서 책임
져 주시고, 주님께서 맡겨주신 이 영혼들을 위해
그 어떤 수고도 마다하지 않는 충성된 일꾼으로
교사의 직분을 감당하게 하소서.

아이들을 매주 만나며 함께 하나님의 살아계심을
체험하게 하시고 나날이 성장해 나가는 아이들의
신앙으로 그 무엇보다도 큰 기쁨을 누리는 저와

다른 교사들이 되게 해주세요.

세상의 그 어떤 일들보다도 영혼을 구원하며 양육
하는 기쁨이 가장 큰 즐거움인 것을 알게 하시고
지금의 교사생활의 사명을 통해 또 깨닫게 되기를
원합니다.
예수님의 이름으로 기도합니다. 아멘.

30일
복음을 벗어나는
가르침이 없게 하소서

교사의 말과 행동은
아이들에게 생각보다 큰 영향력을 미칩니다.
온전히 말씀을 기반으로 아이들을 가르치기보다
자신의 생각과 잘못된 지식을 가르친다면
아이들의 영성과 성품은 올바로 자리잡을 수가 없게 됩니다.
성경을 바로 알고 또 바로 전할 수 있도록
말씀 공부와 기도생활을 소홀히 하지 마십시오.

기도하기 전 읽고 묵상 할 성구

"진리를 알지니 진리가 너희를 자유롭게 하리라"
(요 8:32)

"주께서 사랑하시는 형제들아 우리가 항상 너희에 관하여 마땅히 하나님께 감사할 것은 하나님이 처음부터 너희를 택하사 성령의 거룩하게 하심과 진리를 믿음으로 구원을 받게 하심이니"(살후 2:13)

"내가 너희에게 쓰는 것은 너희가 진리를 알지 못하기 때문이 아니라 알기 때문이요 또 모든 거짓은 진리에서 나지 않기 때문이라"(요한일서 2:21)

주님! 말씀을 깨닫는 은혜와 축복을 이 시간 간구
합니다.
우리 아이들(이름을 불러가며)에게 주님의 말씀
인 성경을 잘 가르칠 수 있는 지혜를 주시기를 이
시간 기도합니다.

성경을 가르치기 위해선 먼저 성경을 알아야 합니
다. 공과교재를 예습하는 준비된 자세를 갖게 하
시고 나와 있는 말씀을 한 주 전부터 묵상하며 하
나님이 주시는 감동과 깨달음으로 아이들을 가르
치게 하소서.

또한 검증되지 않는 저의 생각을 아이들에게 함부
로 말하지 않게 하시고, 오직 성경의 말씀을 중심
으로 아이들을 가르치고 섣불리 말씀을 해석하고
판단함으로 아이들의 믿음에 혼란을 일으키지 않

도록 성경을 공부하며 묵상하는 일을 게을리 하
지 않게 하소서.

중요한 복음을 육체의 피로함이나 시간이 없다는
말도 안 되는 핑계로 소홀히 대하지 않게 하시고
귀한 생명의 말씀을 올바로 전하고 본을 보이는
교사가 되기를 원합니다.
예수님의 이름으로 기도합니다. 아멘.

교사로서 할 일

1. 아이들과 한 달에 한 번 새벽기도 약속잡기
2. 아이들과 야외활동 계획하기
3. 꿈을 이룬 사람들의 성공 스토리 들려주기
4. 아이들 중 한 명 따로 만나거나 통화하기
5. 공과시간에 한 주간 체험 서로 나누기

또 네가 많은 증인 앞에서 내게 들은 바를 충성된 사람들에게 부탁
하라 그들이 또 다른 사람들을 가르칠 수 있으리라-딤후 2:2

기도 체크표

30일이 지났습니다.
기도한 횟수와 당신의 추가 기도를 적어보세요.
하나님은 당신이 기도한대로 정확하게 응답하실 것입니다.

횟수	날짜	특별 추가 기도 제목
회		
회		
회		
회		
회		
회		
회		
회		
회		
회		
회		

다시 1일부터 반복해 주세요.

교사가 알아야 할 다섯 가지

1, 성경과 복음에 대한 이해
예수님을 통한 복음의 원리와 성경의 중요한 사건들에
대한 지식을 알고 있어야 아이들을 가르칠 수 있습니다.

2. 신앙의 체험
하나님을 인격적으로 경험한 체험이 있는 교사만이
아이들에게 복음의 감동을 전할 수 있습니다.

3. 돌봄과 이해
아이들의 문화를 이해하고, 아이들과 연락하는 일에
신경을 쓰는 것이 양육의 기본입니다.

4. 인격과 겸손
자신의 실수를 인정하는 겸손과 아이들을 감정적으
로 대하지 않는 인격은 그것만으로도 아이들에게 교
육이 됩니다.

5. 소명의식
하나님이 나를 교사로 부르셨고 이 아이들을 나에게
맡기셨다는 소명이 교사에게는 반드시 있어야 합니다.